BEI GRIN MACHT SICH IHR WISSEN BEZAHLT

- Wir veröffentlichen Ihre Hausarbeit,
  Bachelor- und Masterarbeit

- Ihr eigenes eBook und Buch -
  weltweit in allen wichtigen Shops

- Verdienen Sie an jedem Verkauf

Jetzt bei www.GRIN.com hochladen
und kostenlos publizieren

Bibliografische Information der Deutschen Nationalbibliothek:

Die Deutsche Bibliothek verzeichnet diese Publikation in der Deutschen National-
bibliografie; detaillierte bibliografische Daten sind im Internet über http://dnb.d-
nb.de/ abrufbar.

Impressum:

Copyright © 2016 GRIN Verlag, Open Publishing GmbH
Druck und Bindung: Books on Demand GmbH, Norderstedt Germany
ISBN: 9783668372283

Dieses Buch bei GRIN:

http://www.grin.com/de/e-book/318053/schlimmer-als-knast-jugendwerkhoefe-in-
der-ddr

Leonard Beelitz

„Schlimmer als Knast". Jugendwerkhöfe in der DDR

Eine kritische Auseinandersetzung

GRIN Verlag

GRIN - Your knowledge has value

Der GRIN Verlag publiziert seit 1998 wissenschaftliche Arbeiten von Studenten, Hochschullehrern und anderen Akademikern als eBook und gedrucktes Buch. Die Verlagswebsite www.grin.com ist die ideale Plattform zur Veröffentlichung von Hausarbeiten, Abschlussarbeiten, wissenschaftlichen Aufsätzen, Dissertationen und Fachbüchern.

Besuchen Sie uns im Internet:

http://www.grin.com/

http://www.facebook.com/grincom

http://www.twitter.com/grin_com

„Schlimmer als Knast" – Jugendwerkhöfe in der DDR

Eine kritische Auseinandersetzung

Facharbeit

Leonard Beelitz

2016

Inhaltsverzeichnis

Seite

Vorwort... 2

1. Die Jugendwerkhöfe in der DDR- eine Definition 3

2. Geschichte der Jugendwerkhöfe 4

3. Die Einweisung in einen Jugendwerkhof der DDR 5

4. Prinzipien und Ziele der Erziehung in Jugendwerkhöfen..... 6

5. Der Alltag im Jugendwerkhof 8

6. Der geschlossene Jugendwerkhof.. 9

7. Pro und Kontra von Jugendwerkhöfen................................. 11

8. Auswirkungen der Jugendwerkhöfe - Ein kritisches Fazit.... 13

Literaturverzeichnis... 14

Quellenverzeichnis.. 15

Vorwort

Diese Facharbeit befasst sich mit dem Thema Jugendwerkhöfe in der ehemaligen Deutschen Demokratischen Republik (DDR). Noch heute leiden Betroffene an den Spätfolgen ihres Aufenthaltes in einem Jugendwerkhof. Dennoch gibt es Befürworter für die Grundprinzipien eines Jugendwerkhofes. Viele Machenschaften der Staatssicherheit und des Staates der ehemaligen DDR sind inzwischen hinreichend bekannt, dieses Thema jedoch leider heute nur noch sehr wenigen, weshalb ich mich näher damit befasst habe. Bei der Erstellung meiner Facharbeit sind auch Schwierigkeiten aufgetreten. Trotz des recht umfangreichen Angebots an wissenschaftlichem Material, Umfragen und Literatur hätte ich beispielsweise gern selbst Betroffene dazu befragt, um persönliche und individuelle Sichtweisen, Erlebnisse und Geschichten von ehemaligen Insassen von Jugendwerkhöfen nicht nur aus Büchern zu erfahren, sondern ein „Stück Geschichte" auch persönlich zu erleben. Es war mir jedoch nicht möglich, trotz intensiver Bemühungen, solche ausfindig zu machen. Warum die Betroffenen schweigen, darauf werde ich in dieser Arbeit noch eingehen. Das Ziel dieser Facharbeit besteht darin, die Thematik "Jugendwerkhöfe in der DDR" möglichst objektiv zu beleuchten. Dabei sollen sowohl Argumente gegen als auch für Jugendwerkhöfe aufgezeigt und kritisch hinterfragt werden. Zu Beginn dieser Arbeit werde ich eine ausführliche Definition der Jugendwerkhöfe formulieren und auch auf deren geschichtliche Entwicklung eingehen. Weiterhin sollen Prinzipien und Ziele näher erläutert und der Alltag in einem Jugendwerkhof beschrieben werden. In einem abschließenden Fazit werden die Auswirkungen solcher Anstalten dargestellt. Hier wird auch zusammenfassend eine kritische Auseinandersetzung mit dieser Thematik vorgenommen.

1.Die Jugendwerkhöfe in der DDR – eine Definition

Die Jugendwerkhöfe in der DDR wurden genutzt, um sogenannte "schwer erziehbare Jugendliche" vorrangig durch produktive Arbeit umzuerziehen. Eingewiesen wurden Jugendliche im Alter von 14-18 Jahren „wenn andere Erziehungsmaßnahmen nicht ausreichen, um die gesellschaftliche Entwicklung des Jugendlichen zu fördern und zu sichern."[1] Jedoch waren die Jugendwerkhöfe keine Strafvollzugsanstalten. Wer in anderen Jugendwerkhöfen Disziplinschwierigkeiten hatte, der wurde in den einzigen geschlossenen Jugendwerkhof nach Torgau verwiesen. Landete man in Torgau, so galt man als schwersterziehbar und offiziell als asozial. Heutzutage würde man Jugendwerkhöfe als "Bootcamps" bezeichnen.

Die konkreten Aufgaben von Jugendwerkhöfen waren bis zu dem Beschluss der „Anordnung über die Spezialheime der Jugendhilfe" nicht genau geklärt. Erst in dieser Anordnung wurde eine gesetzliche Grundlage für die Arbeit der Jugendwerkhöfe geschaffen. Dies war zum einen die "Einrichtungen der Jugendhilfe zur Umerziehung von Minderjährigen" und zum anderen schwererziehbare und straffällige Jugendliche sowie schwererziehbare Kinder in Spezialheimen aufzunehmen, deren „Umerziehung in ihrer bisherigen Erziehungsumgebung trotz optimal organisierter erzieherischer Einwirkung der Gesellschaft nicht erfolgreich verlief. [...] Die Erziehungsarbeit erfolgte unter Einbeziehung der Kinder- und Jugendorganisation und der Betriebe auf Grundlage der sozialistischen Schulpolitik und Pädagogik mit dem Ziel der Heranbildung vollwertiger Mitglieder der sozialistischen Gesellschaft und bewusster Bürger der Deutschen Demokratischen Republik."[2]

Die Erziehung war in erster Linie politisch. Oft wurden die Jugendlichen zu gering qualifizierten Teilarbeitern ausgebildet. Die Jugendlichen waren so gut wie immer Demütigungen, Schikanen und Gewalt ausgesetzt. Betreffende leiden noch heute an den Spätfolgen.

---

[1] JGG der DDR vom 23.05.1952
[2] Ministerium für Bildung, Jugend und Sport des Landes Brandenburg: „Einweisung nach Torgau Texte und Dokumente zur autoritären Jugendfürsorge in der DDR".

2. Geschichte der Jugendwerkhöfe

Die ersten Jugendwerkhöfe wurden nach dem Ende des Zweiten Weltkrieges in der Sowjetischen Besatzungszone, der ehemaligen DDR, eingerichtet. Viele Kinder hatten ihre Eltern im Krieg verloren und irrten auf den Straßen umher. Es sollten daher Heime geschaffen werden, in denen Jugendliche durch eine Mischung aus Bildung und Arbeit erzogen werden, um sich anschließend wieder in die Gesellschaft eingliedern zu können. Weiterhin sollten diese auch jugendlichen Straftätern die Haft in einem regulären Gefängnis ersparen und ihnen die Rückkehr in ein normales Leben ermöglichen[3]. Einige Jugendwerkhöfe boten eine für die Verhältnisse kurz nach dem Krieg ungewöhnlich gute handwerkliche Ausbildung in eigenen Werkstätten an. Andere Jugendwerkhöfe ähnelten Arbeitslagern, in denen schwere körperliche Arbeit für Betriebe in der Industrie und Landwirtschaft verrichtet werden mussten[4]. Ab den 1950er Jahren wurden die Insassen zunehmend zu schweren körperlichen Hilfsarbeiten herangezogen, da eine Reihe von Jugendwerkhöfen auf Anforderung der Industrie gegründet wurden. 1964 wurde mit der beginnenden Umstrukturierung des Heimsystems der geschlossene Jugendwerkhof in Torgau eingerichtet[5].1965 wurde eine Unterscheidung nach verschiedenen Typisierungen eingeführt. Dabei handelte es sich zum Einen um den Typ I, ein kurzfristiger Aufenthalt mit abschreckender Wirkung, ähnlich dem heute diskutierten „Warnschussarrest". Zum anderen gab es den Typ II, ein mehrjähriger Aufenthalt mit dem Ziel der Umerziehung. Unterschieden wurden die Jugendwerkhöfe weiterhin nach der angebotenen Schulbildung (Polytechnische Oberschule, Hilfsschule). In den 80er Jahren wurden in einigen Jugendwerkhöfen Pilotprojekte durchgeführt, die ein Sich abgrenzen von dem rigiden Strafsystem zum Ziel hatten[6]. Ab Januar 1990 wurden die Jugendwerkhöfe aufgelöst oder in Einrichtungen nach westlichen Standards umgewandelt.

---

[3]Vgl.: Wiedemann, Theresa: Jugendwerkhöfe in der DDR. S.8ff.
[4]Vgl.: Manfred Haertel: *Verflucht, gehaßt und abgeschoben – Eine Jugend in DDR-Heimen*, S15ff, Berlin. 2002
[5]Vgl.: Manfred Haertel: *Verflucht, gehaßt und abgeschoben – Eine Jugend in DDR-Heimen*, S.24f, Berlin. 2002
[6]Vgl.: Manfred Haertel: *Verflucht, gehaßt und abgeschoben – Eine Jugend in DDR-Heimen*, S 26ff, Berlin. 2002

3. Die Einweisung in einen Jugendwerkhof der DDR

Eingewiesen wurden Jugendliche in einem Alter von 14-18 Jahren. Meist erfolgte diese aufgrund einer Anordnung der Jugendhilfe. Damit es zu einer solchen Anordnung kommen konnte, bedurfte es Beschwerden der Eltern, des Lehrers oder einer dritten Person. Eine weitere Möglichkeit bestand bei der Einweisung durch ein Gericht. Als Rechtsgrundlage diente hier der Paragraph 14 des Jugendgerichtsgesetzes der DDR. Zu den Einweisungsgründen krimineller Jugendlicher gehörten vor allem die sogenannten Schul-und Arbeitsbummelei, Herumtreiberei, Asozialität, gleichgültiges Verhalten, Landstreicherei und verschiedenste kleinere oder größere kriminelle Delikte wie Diebstähle, unbefugtes Nutzen eines Fahrzeugs, Sittlichkeitsverbrechen, Urkundenfälschung, Staatsverleumdung u.v.m. Auch konnte ein übermäßiger Alkohol- oder Nikotinkonsum bereits einen Einweisungsgrund darstellen. Außerdem stellten "langwierige Fehlentwicklungen" von Jugendlichen, welche durch das Elternhaus bestimmt waren, ebenfalls einen Grund für die Einweisung in einen Jugendwerkhof dar. Jugendliche die aus Familien kamen wo die falschen Erziehungsmaßnamen getroffen wurden, so z.b. Verwöhnung oder der Mangel an liebevoller Zuwendung, kamen bei Verdacht in diese Einrichtungen. An anderer Stelle hieß es: "wenn ausgeprägte Fehlverhaltensweisen Jugendlicher trotz intensiver erzieherischer Einflussnahme der Schule, des Betriebes und gesellschaftlicher Kräfte sowie trotz Unterstützung der Erziehungsarbeit der Eltern nicht wirkungsvoll korrigiert werden konnten und eine positive Persönlichkeitsentwicklung dieser Jugendlichen unter den bisherigen Erziehungs- und Lebensbedingungen nicht gewährleistet ist"[7] sei eine Unterbringung der Jugendlichen notwendig. Auch wenn eine Einweisung durch ein Gericht angeordnet wurde, so wurde diese Einweisung in juristischem Sinne nicht als Strafe sondern als Erziehungsmaßnahme gewertet.

---

[7]Daniel Krauz, Jugendwerkhöfe in der DDR, Diplomica Verlag. April 2010, Kapitel 5.4 Die Einweisungsgründe krimineller Jugendlicher und die Einweisungspraxis der Jugendwerkhöfe

4. Prinzipien und Ziele der Erziehung in Jugendwerkhöfen

Der Jugendwerkhof war wie oben beschrieben eine staatliche Einrichtung der ehemaligen DDR, die dem Prinzip eines Heimes mit dem Ziel der (Um-) Erziehung gleich kommen sollte. Sie erfüllten daher einen pädagogischen Zweck. Geleitet wurde das Ganze vom Ministerium für Volksbildung, der Genossin Margot Honecker.

Oberstes und erstes Ziel war es die Kinder zu einem würdigen und guten Staatsbürger der DDR zu formen[8].

Die inhaltliche Ausrichtung der Jugendwerkhöfe der DDR orientierte sich sehr stark an dem sowjetischen Pädagogen Anton Semjonowitsch Makarenko, auch wenn dessen Überlegungen in der Jugendhilfe der DDR oft nicht entsprechen beziehungsweise sogar falsch interpretiert und verwirklicht wurden. Dieser hatte das Modell der „Erziehungs- oder „Arbeitskolonie für Kinder" praktiziert: Straffällige Jugendliche lebten mit Pädagogen gemeinsam in einem „Kollektiv", dessen Leben hauptsächlich durch Arbeit und eine Disziplin, die durchaus militärische Aspekte beinhaltete, bestimmt wurde[9]. Neben der Person Makarenkos war die Jugendpolitik der DDR am meisten durch Eberhard Mannschatz geprägt. Dieser hatte es sich zum Ziel gemacht, alle Staatsbürger im Sinne des Sozialismus zu erziehen. Sie sollten den Sozialismus leben und entsprechend arbeiten und lernen selbstlos und zum Wohle eines sozialistischen Vaterlandes zu handeln. Dazu kam, dass Jugendwerkhöfe Einrichtungen darstellten, die schwer erziehbare und kriminell gefährdete Jugendliche disziplinieren sollten. Es handelte sich also um Minderjährige, meist aus schwierigen Elternhäusern oder Heimen, die dort zu vorbildlichen oder zumindest staatstreuen Bürgern der DDR „umerzogen" werden sollten[10].Laut Gerhard Jörns sollte die Umerziehung in den Jugendwerkhöfen vier Schwerpunkte haben: Die „politisch- ideologische Erziehung", die „Kollektiverziehung", die „Arbeitserziehung" und die „Erziehung zur bewussten Disziplin". Unter der politisch- ideologischen Erziehung verstand man Jugendliche vom Sozialismus zu überzeugen. Dies wurde beispielsweise durch die Einführung des Unterrichtsfaches „Staatsbürgerkunde" versucht umzusetzen. Die

---

[8]Vgl.:http://www.ciao.de/Alles_mit_J__Test_1868547 Stand: 04.03.16
[9]Vgl.: Wiedemann, Theresa: Jugendwerkhöfe in der DDR. S. 11
[10]Vgl.: Wiedemann, Theresa: Jugendwerkhöfe in der DDR. S. 11

Kollektiverziehung meinte, dass sämtliche Aktivitäten, darunter auch Freizeitaktivitäten, im Jugendwerkhof in der Gruppe, dem im Sozialismus sogenannten „Kollektiv" stattfanden. Dadurch blieb den Jugendlichen wenig Platz sich selbst zu verwirklichen und eine Individualität zu entwickeln. Laut Mannschatz war es angeblich genau diese Individualität, die der Grund für solche „Fehlentwicklungen" der Kinder und Jugendlichen waren[11]. Das dritte Prinzip, die pädagogische Arbeit, war ein elementarer Grundbestandteil der kommunistischen Idee. Mit der Arbeit sollten sie lernen, nach guten Arbeitsleistungen für die Gemeinschaft zu streben und mit „gesellschaftlichem Eigentum sorgsam umzugehen" und damit „Verantwortungsbewusstsein für die Qualität der eigenen Arbeit zu entwickeln"[12]. Dafür wurden eigene Werkstätten geschaffen oder die Jugendlichen wurden in der Landwirtschaft auf einem dem Jugendwerkhof umgebenen Gebiet beschäftigt.

Die vierte wichtige Säule bestand in der „Erziehung zur bewussten Disziplin". Eberhard Mannschatz vertrat die Auffassung, Disziplin gewährleiste „Freiheit und Geborgenheit". Die Insassen mussten einem strengen Tagesablaufplan folgen. Abweichungen von Zeiten oder Aufgaben wurden kaum und wenn, dann nur durch den Direktor zugelassen. Wie ein solcher Tagesplan im Alltag der Jugendwerkhöfe gestaltet war, soll im folgen Kapitel näher erläutert werden.

---

[11]Vgl.: Wiedemann, Theresa: Jugendwerkhöfe in der DDR. S. 13
[12]Vgl.: Wiedemann, Theresa: Jugendwerkhöfe in der DDR. S. 13

5. Der Alltag im Jugendwerkhof

Arbeit machte einen wesentlichen Teil des Alltags im Jugendwerkhof aus. Die Jugendlichen waren täglich bis zu 6 Stunden in der Produktion tätig. Es gab jedoch auch zahlreiche Unterschiede zwischen einzelnen Jugendwerkhöfen. Trotz dieser Unterschiede, hatten alle einen Tagesablaufplan, der den Tag eines Insassen detailliert regelte. Diesem Plan war unbedingt Folge zu leisten: „ ‚Die im Tagesablaufplan festgelegten Zeiten und Maßnahmen sind von allen Mitarbeitern und Jugendlichen einzuhalten. Änderungen konnten ausschließlich durch den Direktor des jeweiligen Jugendwerkhofes erfolgen. Die Umgangsformen im Alltag der Jugendwerkhöfe waren gewissermaßen militärisch: Dort waren u.a. tägliche Appelle vorgesehen. Außerdem übernahm einen gewissen Teil der Erziehung die „Gesellschaft für Sport und Technik", durch die die Wehrerziehung für Schüler im Alter zwischen 16 und 18 Jahren durchgeführt wurde. Diese beinhaltete eine „Exerzier-Ausbildung, Schießen, eine Topographie-Ausbildung, Taktik und eine wehrpolitische Schulung. Mädchen bekamen stattdessen meist eine Katastrophenschutzausbildung des DRK[13]. Die Jugendlichen wurden für ihre Arbeit im Jugendwerkhof entlohnt, bekamen das verdiente Geld jedoch nicht ausgezahlt. Es wurde bis zu ihrer Entlassung aus dem Jugendwerkhof einbehalten und dann mit dem, was sie für ihren täglichen Lebensunterhalt im Jugendwerkhof zu zahlen hatten, verrechnet. Es gab neben der praktischen Berufsausbildung in den Jugendwerkhöfen auch theoretischen Unterricht, der aus Berufsschulunterricht den Ausbildungszweigen entsprechend, allgemeinbildenden und staatspolitischen Unterricht bestand. Dadurch war es für die Jugendlichen in einigen Jugendwerkhöfen möglich, Schulabschlüsse zu machen beziehungsweisediese nachzuholen.

---

[13]Vgl.: Wiedemann, Theresa: Jugendwerkhöfe in der DDR. S. 13

6. Der geschlossene Jugendwerkhof

Während des Bestehens des Geschlossenen Jugendwerkhofes in Torgau unter der Leitung von Margot Honecker vom 1. Mai 1964 bis zum 11. November 1989 wurden über 4.000 Jugendliche im Alter zwischen 14 und 18 Jahren zur „Anbahnung eines Umerziehungsprozesses" eingewiesen, die in anderen staatlichen Erziehungseinrichtungen negativ aufgefallen waren[14]. Doch hatten sie weder Straftaten begangen noch gab es eine richterliche Anordnung für die Einweisung. Sie waren anders: rebellischer und unangepasster und passten einfach nicht ins sozialistische System. Durch eiserne Disziplin und Drill sollten eine Veränderung ihres Verhaltens bewirkt werden, vor allem aber die Bereitschaft, sich dem Sozialismus unterzuordnen. Der Geschlossene Jugendwerkhof Torgau glich mit seinen 5 Meter hohen Mauern, den Wachtürmen, dem Stacheldraht und Glasscherben, den Diensthunden und den vergitterten Fenstern schon äußerlich einem Gefängnis. Der Gebäudekomplex wurde 1901 erbaut und später mehrfach verändert. Tatsächlich hat aber dieses Gebäude bis zur Übernahme durch die Jugendhilfe auch als Gefängnis beziehungsweise der Verwaltungstrakt als Gerichtsgebäude gedient[15]. In den Gebäuden befanden sich vergitterte Aufenthalts- und Schlafräume, Produktionsstätten sowie Arrest- und Dunkelzellen. Die Aufgabe des Jugendwerkhofes Torgau bestand darin, die Bereitschaft der Insassen zu erzeugen, sich widerspruchslos allen zukünftigen Maßnahmen der Umerziehung unterzuordnen. Der ehemalige Leiter Horst Kretzschmar beschrieb dies als „Anbahnung der Umerziehungsbereitschaft"[16]. Militärischer Drill, ein rigides Strafsystem, monotone körperliche Arbeit und ideologische Schulung sollten jenen Jugendlichen den Willen sich zu widersetzen nehmen. Infolge der unerträglichen Lebensverhältnisse, gezielten Demütigungen und körperlichen Misshandlungen kam es zu einer Reihe von Selbstmorden und Selbstverstümmelungen, deren Anzahl bis

---

[14] Vgl.: http://www.jugendwerkhof-torgau.de/Historie/Ein-Haus-der-Jugendhilfe/447/ Stand: 05.3.16
[15] Vgl.: http://www.jugendwerkhof-torgau.de/Historie/Ein-Haus-der-Jugendhilfe/447/ Stand: 05.3.16
[16]Vgl.: Horst Kretzschmar: Die Entwicklung des Jugendwerkhofs Torgau und die sozialpädagogische Aufgabenstellung (Diplomarbeit); hrsg. von der Humboldt-Universität, Berlin 26. Januar 1972, S. 21

heute nicht endgültig festgestellt werden konnte[17]. Am 17. November 1989 wurde der Jugendwerkhof geschlossen. Bis dahin durchliefen mehr als 4000 Jugendliche diese Anstalt. Seit 1990 stand das Gebäude leer und wurde 1996 an einen privaten Investor verkauft. Beim Umbau zur Wohnanlage blieb zwar die Bausubstanz erhalten, der Charakter des Gebäudes wurde aber vollständig verändert. Im März 1998 wurde hier die „Erinnerungs- und Begegnungsstätte im ehemaligen Geschlossenen Jugendwerkhof Torgau" eingerichtet, die sich seit 2009 "Gedenkstätte Geschlossener Jugendwerkhof Torgau" nennt[18].

---

[17] Vgl.: Andreas Gatzemann: Der Jugendwerkhof Torgau. Das Ende der Erziehung. Lit Verlag, Münster 2009, S. 55 ff
[18] Vgl.: http://www.jugendwerkhof-torgau.de/Historie/Ein-Haus-der-Jugendhilfe/447/ Stand: 05.3.16

7. Pro und Kontra von Jugendwerkhöfen

Jugendwerkhöfe wollten in erster Linie Jugendlichen ohne vermeintliche Zukunft eine bessere Zukunft in der Gesellschaft vermitteln. Sie wollten wieder eingliedern, kriminelle Minderjährige sozial integrieren. Diese Aspekte sind als positiv anzusehen.

Auch die heimeigenen Werkstätten und die Arbeit der Jugendlichen in der Landwirtschaft könnten zunächst als positiv angesehen werden, da die Erzeugnisse der Jugendwerkhöfe aus der eigenen Landwirtschaft ihnen eine gewisse Autonomie einräumte. Zudem erhielten die Jugendwerkhöfe zusätzlich zu den internen Beschäftigungsmöglichkeiten sogenannte Kooperationsbetriebe mit Außenstellen in ihrer näheren Umgebung. Das bedeutete, dass die Jugendlichen größtenteils außerhalb des Jugendwerkhofes in normalen Betrieben arbeiteten, in denen sie meist eine Teilausbildung erhielten oder als Hilfsarbeiter tätig waren, und somit in Kontakt mit dem realen Arbeitsleben kamen, wie es sie nach ihrer Entlassung erwartete. Da einige Jugendliche keine Schulausbildung oder gar Schulabschlüsse hatten, sprach die Schulausbildung ebenfalls für Jugendwerkhöfe, da diese dort ihren Schulabschluss nachholen oder gänzlich absolvieren konnten.

Auch wenn die Grundintension von Jugendwerkhöfen, Jugendlichen ohne Familie oder kriminellen Minderjährigen Werte und Regeln zu vermitteln, grundsätzlich nicht falsch ist, so ist jedoch das pädagogische Vorgehen und die Prinzipien und Ziele dieser Anstalten stark zu verurteilen. Kindern und Jugendlichen ihre Individualität zu untersagen, ihren Charakter zu "korrigieren", wenn nötig mit Gewalt, weil sie so nicht ins sozialistische System passten, ist nur ein Punkt, der gegen die Jugendwerkhöfe spricht. Die Jugendwerkhöfe waren keine Gefängnisse, denn nicht Gerichte wiesen die Jugendlichen hier ein, sondern die Jugendhilfe. Immer wieder wurde sie auf Antrag von Lehrern tätig, und oft schienen die Gründe willkürlich: zu häufiges Schule schwänzen, zu rebellisches Verhalten im Unterricht oder politische Unbelehrbarkeit, jemand riss von zu Hause aus, schloss sich Subkulturen an, wie Punks oder Skinheads, klaute Autos oder Mopeds für Spritztouren oder ging angeblich der Prostitution nach. Die Toleranzgrenze gegenüber abweichendem Verhalten war in der DDR wesentlich niedriger angesiedelt als in der Bundesrepublik. In den Jugendwerkhöfen gab es gar keine Toleranz. Disziplin,

Strafen und Gruppendruck waren fast überall die vorherrschenden Erziehungsmethoden.

8. Auswirkungen der Jugendwerkhöfe- Ein kritisches Fazit

Über die Zeit im Jugendwerkhof sprechen die meisten ehemaligen Insassen auch heute noch nicht. Viele der damals Jugendlichen schafften es nicht, das Erlebte zu verarbeiten und zu verkraften[19]. Schon allein der Gedanke an die schrecklichen Vorkommnisse lässt Panik in ihnen aufsteigen, weshalb es mir auch nicht möglich war, mit ehemaligen Insassen persönlich zu sprechen. Viele schämen sich. Viele haben geschwiegen, heruntergeschluckt und in sich hineingefressen. Und viele tun es immer noch. Zahlreiche ehemalige Insassen sind körperlich und seelisch erkrankt und müssen selbst heute noch behandelt werden. Schlafstörungen und tiefes Misstrauen gegenüber Fremden sind bei vielen der Ehemaligen festzustellen. Durch den Drillsport und die Misshandlungen erlitten viele auch bleibende physische Schäden. Für kaum einen ehemaligen Insassen eines Jugendwerkhofes war es möglich, später einen Beruf ihrer freien Wahl auszuüben. Wenn sie überhaupt eine Ausbildung hatten, schränkte diese ihre Berufswahl sehr stark ein. In jedem Zeugnis wurde der Aufenthalt in einem Jugendwerkhof vermerkt, was dazu führte, dass man oft als „asozial" angesehen wurde und einem Jobangebote ausgeschlagen wurden. Daran sieht man, was für schwerwiegende Auswirkungen ein Aufenthalt im Jugendwerkhof für das spätere Leben eines ehemaligen Insassen mit sich bringt. Viele dieser Menschen haben noch heute Probleme mit ihrem Selbstwertgefühl. Sie fühlen sich schnell schuldig, da man ihnen lange Zeit immer wieder erzählt hatte, sie seien schlechte Menschen. Abschließend bleibt festzuhalten, dass tausende Kinder und Jugendliche der ehemaligen DDR in Jugendwerkhöfen unter diesen Ereignissen leben mussten, welche man heute als massive Verletzung der Menschenrechte verurteilen würde. Die Ausführungen zeigen, dass eine Sinnhaftigkeit und Zielführung einer solchen erzieherischen Maßnahme deutlich kritisch hinterfragt werden muss. Solche Anstalten sind zutiefst zu verurteilen und dürfen sich in der deutschen Geschichte niemals wieder etablieren.

---

[19]https://www.intermedia-werbeagentur.de/claas/auswirkungen.html Stand: 04.03.16

Literaturverzeichnis

Andreas Gatzemann, "Die Erziehung zum neuen Menschen im Jugendwerkhof Torgau", Verlag : LIT Verlag November 2008

Manfred Haertel: *Verflucht, gehaßt und abgeschoben – Eine Jugend in DDR-Heimen*; Berlin: edition belletriste, 2002

Quellenverzeichnis

http://www.albertiner.de/CMS/images/stories/albertinerPDF/Jugendwerkhoefe_in_de r_DDR_Theresa_Wiedemann.pdfhttp://www.jugendwerkhof-torgau.de/

http://www.albertiner.de/CMS/images/stories/albertinerPDF/Jugendwerkhoefe_in_de r_DDR_Theresa_Wiedemann.pdf Stand: 04.02.16

http://www.jugendwerkhof-torgau.de/ Stand: 04.02.16

http://www.imheim.net/index.php?page=Board&boardID=17 Stand: 04.03.16

http://www.grin.com/de/e-book/193382/die-ddr-paedagogik-in-den-jugendwerkhoefen Stand: 11.12.15

http://www.grin.com/de/e-book/197483/jugendwiderstand-in-der-ddr-geschlossener-jugendwerkhof-torgau Stand: 04.01.16

http://www.zeit.de/2010/50/S-Torgau Stand: 02.01.16

http://www.fonds-heimerziehung.de/fonds/berichte-pressemitteilungen-und-dokumente/berichte-heimerziehung-in-der-ddr.html Stand: 04.03.16

http://www.fonds-heimerziehung.de/ Stand: 04.03.16

http://www.abeh-berlin.de/beratungsangebot/ddr-1945-1989/ Stand: 04.03.16

http://www.andreasfreundspurensuche.de/Jugendwerkhoefe-der-DDR Stand: 04.03.16

http://www.ciao.de/Alles_mit_J__Test_1868547 Stand: 04.03.16

https://www.intermedia-werbeagentur.de/claas/auswirkungen.html Stand: 04.03.16

BEI GRIN MACHT SICH IHR WISSEN BEZAHLT

- Wir veröffentlichen Ihre Hausarbeit,
  Bachelor- und Masterarbeit

- Ihr eigenes eBook und Buch -
  weltweit in allen wichtigen Shops

- Verdienen Sie an jedem Verkauf

Jetzt bei www.GRIN.com hochladen
und kostenlos publizieren